BEI GRIN MACHT SICH IHR WISSEN BEZAHLT

AF143722

- Wir veröffentlichen Ihre Hausarbeit,
  Bachelor- und Masterarbeit

- Ihr eigenes eBook und Buch -
  weltweit in allen wichtigen Shops

- Verdienen Sie an jedem Verkauf

**Jetzt bei www.GRIN.com hochladen
und kostenlos publizieren**

Bibliografische Information der Deutschen Nationalbibliothek:

Die Deutsche Bibliothek verzeichnet diese Publikation in der Deutschen National-
bibliografie; detaillierte bibliografische Daten sind im Internet über http://dnb.d-
nb.de/ abrufbar.

Impressum:

Copyright © 1998 GRIN Verlag, Open Publishing GmbH
Druck und Bindung: Books on Demand GmbH, Norderstedt Germany
ISBN: 9783638833202

Dieses Buch bei GRIN:

http://www.grin.com/de/e-book/9193/schule-und-erziehung-im-nationalsozialismus

Thomas Fey

Schule und Erziehung im Nationalsozialismus

GRIN Verlag

Schule und Erziehung im Nationalsozialismus

von

Thomas Fey

Universität Koblenz-Landau, Abteilung Landau
Institut für Pädagogik
Wintersemester: 1997/98
Seminar: Entwicklung des Schulwesens
Semester: 2
Studiengang: Lehramt an Sonderschulen

Schule und Erziehung im Nationalsozialismus

Inhaltsverzeichnis:

1. Einleitung:

„Wer die Jugend hat, hat die Zukunft." Nach diesem Wahlspruch hat der Nationalsozialismus und seine Pädagogik gehandelt. Der Jugend hat er sich dann auch ziemlich schnell angeeignet, was unter anderem durch die Perspektivlosigkeit - durch Massenarbeitslosigkeit und Wirtschaftsrezession - sowie durch eine massive Propaganda des Hitler-Regimes, begründet war. Die Pädagogik des Nationalsozialismus zielte darauf ab, kritiklose Gefolgsleute zu schaffen und die Ausbildung einer politischen nationalsozialistischen Elite zu fördern.
Im Bildungsbereich wurde die Schule das wichtigste Ausführungsorgan des Nationalsozialismus, in ihr sollte das deutsche arische Geschlecht herangezogen werden.
Ferner mußte sie folgende nationalsozialistische Erziehungsziele verwirklichen: Verbreitung des Blut-und-Boden-Kult, Einprägung der Rassentheorien, Stärkung der Volk-ohne-Raum-Bewegung, willenlose Opferbereitschaft für Hitler und das Vaterland, Umsetzung des Antisemitismus, um nur einige zu nennen.
Das Ziel der Erziehung war demnach:" Der kollektiv denkende und handelnde, der leicht führ- und lenkbare, der unkritische und linientreue, der abgehärtete, blinden soldatischen Gehorsam beweisende und nach vermeintlicher Germanenart verfahrende Volksgenosse."[1]
Auf den folgenden Seiten stelle ich die Machtübernahme des Nationalsozialismus in den Schulen dar, sowie die vom Regime umgeänderten Richtlinien und Lehrpläne, einige Personen der NS- Zeit und die verschiedenen Organisationen, die ihren Einfluß auf die Schulen ausübten.

Auch in dem Bereich der Pädagogik zeigt sich leider immer wieder, daß der Widerstand gegen die Bestrebungen der NSDAP nur gering war. Natürlich wurde es Personen, insbesondere den Lehrkräften, erschwert, Kritik zu äußern. Sie mußten mit Entlassung aus dem Schuldienst rechnen, oder mit Verfolgung. Trotzdem mußte ich feststellen, daß es nur durch massive Unterstützung - zum Beispiel durch den NSLB - der NSDAP möglich war, ihre Vorstellung von „Erziehung" durchzusetzen.
Des weiteren zeigte sich mir, daß die Kompetenz der Personen weniger ausschlaggebend war, sondern mehr die Verbindung zur Partei. Hier seien unter anderem genannt: Reichserziehungsminister Rust, der vor Hitlers Machtergreifung sich amtlich seien Arbeitsunfähigkeit attestieren lies, um nicht mehr arbeiten zu müssen; der Vorsitzende des NSLB Schemm, hatte, so seine Kollegen, kaum kulturelle Bildung und bereicherte sich durch den NSLB, da alle Optionen des Vereins auf seinen Namen liefen und als letztes dessen Nachfolger Wächtler, der sich als pädagogisch wenig kompetent erwies und nur durch starre Einhaltung der Parteilinie sich auszeichnete und deshalb von Hitler befördert wurde.
Zu den genannten Personen in einem späteren Kapitel ausführlicher.

---

[1] Aus: Flessau, Ingo-Kurt : Schule der Diktatur: Lehrpläne und Schulbücher des Nationalsozialismus, München 1977

2. Die ersten Schritte nach der Machtübernahme

Nach der Machtübernahme der NSDAP in Deutschland folgte recht schnell die Umsetzung des Nationalsozialismus auch im Schulsystem. Die kurz zuvor aufkommenden Strömungen der Reformpädagogik wurden rasch wieder verworfen. Individualität und eigenverantwortliches Handeln wurden nicht mehr geduldet. Auch in der Schule galt die Maxime „Führerprinzip". Der Schüler war nunmehr nur noch Rezipient des von dem Lehrer vorgetragenen Stoffes. Der Lehrer war die bestimmende und führende Person, der der Schüler kritiklos zu gehorchen hatte.
Ebenso wurden - noch aus der Reformpädagogik - die musischen Fächer, Kunst und Musik, die als Ausgleich gegen die zu einseitig intellektuelle Ausbildung der Schüler eingeführt worden war, nun von dem Nationalsozialismus beschnitten auf die arteigene Kunst und der volkstümlich-volksverbundenen Musik. Ein immer wichtiger Faktor spielte von nun an auch der Sportunterricht.

Das NS-Regime vollzog die Machtübernahme auf sechs schulpolitischen Feldern:
- So wurde das Schulsystem vereinheitlicht, die Typenvielfalt reduziert und neue spezifische
        politische Schulen gegründet,
- die Lehrerbildung wurde verändert,
- neue Richtlinien und Lehrpläne wurden erlassen,
- die Stundenpläne wurden revidiert und der Staatsjugendtag eingeführt,
- die Pluralität der Bildungsmächte wurden beschnitten
- und Rassismus und Antisemitismus wurden in den Schulen fest verankert.

2.1 Die Vereinheitlichung des Schulsystems

Es widersprach der Lehre des Nationalsozialismus eine ausgeprägte Typenvielfalt von Schulen beizubehalten. Als Stichwort sei hier genannt: „Gleichschaltung". Ebensowenig wurde eine ausgeprägte Individualität geduldet, was von verschiedenen Schulen jedoch gelehrt wurde. Vor allem Gymnasien und Oberschulen, von denen es mehr als 70 (!) verschiedene Typen gab, wurden von der Gleichschaltung getroffen. Entweder wurden sie geschlossen oder umgeändert. Konfessions- und Privatschulen wurden ganz untersagt. So wurde die Oberschule auf drei Grundtypen reduziert: Die neusprachliche und die naturwissenschaftliche Oberschule und das humanistische Gymnasium.
Die Oberschulen bauten auf der vierjährigen Grundschule auf und umfaßten nur noch acht Schuljahre. Meist waren die Schulen für Jungen und Mädchen getrennt. Paradoxerweise gab es - trotz der Reduzierung der Oberschule - nun auch eine Zersplitterung derselben. Zurückzuführen ist dies auf die Kompetenzstreitigkeiten in der verschiedenen NS-Organisationen, die in den Schulen ihre Elite ausbilden wollten. So wurden unter anderem die Adolf-Hitler-Schulen gegründet, die Nationalpolitischen Erziehungsanstalten, die Deutschen Heimschulen und die NS-Deutsche Oberschule Starnbergersee.
An diesen Schulen unterrichteten NS-treue Lehrer, die eine politische Elite heranziehen sollten, die dann später nationalsozialistische Laufbahnen einschlagen sollten.
Ausgenommen von dieser Entwicklung waren die Volksschulen. Bei ihr änderte sich vor allem die Lehrerausbildung, die Stundenpläne und die Schulbücher, speziell die Lesebücher.

2.2 Umerziehung der Lehrer

Der Staat und somit die Partei setzten alle daran, das Denken der Lehrer umzuformen, sie also mit nationalsozialistischen Gedankengut zu impfen. Staatliche Kontrollinstanzen überwachten nun unentwegt über das Tun der Lehrer, um festzustellen, ob sie im Sinne des Führers unterrichten. Kommunisten und Juden wurden aus dem Amt des Lehrers enthoben. Der Nationalsozialistische Lehrerbund (wurde schon 1927 von Hans Schemm gegründet) kontrollierte die Lehrerbildung und -fortbildung weitgehend. So wurden Fahrten und Informationskurse unternommen, bis die ganze Lehrerschaft gleichgeschaltet war.

Auch die Ausbildung der Lehrer wurde verändert, neue Studiengänge eingeführt, neue Prüfungsvorschriften erlassen und neue Studienfächer gelehrt. So wurden unter anderem Rassen- und Volkskunde, sowie Grenzland- und Wehrkunde in das Studium mit aufgenommen, „Nichtarier" durften die akademische Ausbildung erst gar nicht beginnen.

Volksschullehrer brauchten in den Augen Hitlers nicht so gut ausgebildet zu sein, daß heißt eine akademische Ausbildung wurde nicht für nötig gehalten. In Ehren entlassene Unteroffiziere und Feldwebel übernahmen diese Aufgaben, da sie für mindestens genauso qualifiziert gehalten wurden, wenn nicht sogar für besser qualifiziert. Dies zeigt auf, wie wenig Wert auf eine akademische Ausbildung der Lehrerschaft gelegt wurde. Viel wichtiger war eine folgsame, der Partei ergebene Lehrerschaft, die die Schüler zu kritiklosen, unmündigen Menschen heranzieht.

Vor allem dem Nationalsozialistischen Lehrerbund (NSLB) hatte es Hitler zu verdanken, daß die Gleichschaltung der Lehrer und des Schulsystems sehr schnell von statten ging. Schemm gelang es, Bedenken gegen den Führer und seine (Bildungs-)Politik zum Schweigen zu bringen und eine enge Verbindung zur Partei- und Staatsführung zu knüpfen. Die überwiegende Anzahl der Lehrer konnten Schemm und sein Nachfolger Fritz Wächtler für die Parteilinie gewinnen, so daß Schule und Schüler auf diesem Wege auch stark beeinflußt werden konnten.

Trotz der großen Unterstützung durch den NSLB in der Umsetzung der Parteivorgaben, gab es auch einige Reibungspunkte. So wollte der Lehrerbund es verhindern, daß die akademische Ausbildung der Lehrer abgeschafft wird. Man befürchtete so, daß der Lehrer auf den Stand der Halbbildung zurückgeworfen wird (was ja auch die Absicht der NSDAP war). Doch die Kritik bewirkte nichts und nachdem die politische Entscheidung gefallen war, verbot die NSLB-Reichsleitung alle weiteren Diskussionen.[2]

Nicht zu vergessen ist aber auch, daß es Widerstände gegen den Nationalsozialismus und seine Bildungspolitik innerhalb der Lehrerschaft gab. Als Beispiel sei hier die Allgemeine Freie Lehrergewerkschaft Deutschlands genannt. In der Programmatik und Politik stand die AFLD links der SPD. Unter anderem kritisierte sie sehr scharf den Beamtenerlaß des thüringischen Innen- und Volksbildungsministers, der Verbot, daß Beamten den Kommunismus nicht in irgendeiner Form unterstützen durften oder gar ihm angehören durften. Die AFLD sah dies als sehr einseitig an und forderte, daß auch die NSDAP einzubeziehen sei und den Beamten die Mitgliedschaft zu untersagen. Wie alle Gewerkschaften wurde sie 1933 verboten, löste sich aber kurzerhand selbst auf, um nicht in die Hände der Nazis zu fallen. Viele Mitglieder setzten ihren Kampf gegen den Faschismus in der Illegalität oder in der Emigration fort.

---

[2] vgl.: Schnorbach, Hermann: Lehrer und Schule unterm Hakenkreuz, Dokumente des Widerstands von 1930 bis 1945. Königstein/Ts.:Athenäum 1983

2.3 Neue Lehrpläne und Richtlinien

Die Veränderung in diesem Bereich läßt sich in zwei Phasen einteilen. Die erste Phase zwischen 1933 und 1937 und die zweite zwischen 1938 und 1942.
In der ersten Phase gab es nur zögerliche Erlasse und Anweisungen zu Schule und Unterricht seitens des NS-Regimes. Diese waren oft ziemlich wage ausgedrückt, erschienen in unregelmäßigen Abständen und unsystematisch. In dieser Zeit war man vor allem auf die Mitarbeit der Lehrerschaft angewiesen, was nicht sehr selbstverständlich war. Hier spielte der Nationalsozialistische Lehrerbund wieder eine wichtige Rolle. Er half dabei, die Vorgaben „richtig" zu interpretieren und setzte diese dann um.
Die entscheidende Phase fand dann ab 1938 statt, in der dann die offiziellen Richtlinien herausgegeben wurden. Von nun an wurde das Schulsystem ,und alles was damit zusammenhing, systematisch „umgewandelt". Auch die Bücher, die bis dahin noch nicht den Richtlinien der Partei entsprachen, wurden nun auf den Nationalsozialismus zugeschnitten. Die Verlage konnten nicht mehr eigenverantwortlich bestimmen, was in den Büchern zu stehen hatte, die Kontrolle hatte jetzt einzig und allein die NSDAP und ihre Gefolgsleute.

So wurde jetzt nicht nur die formelle Umstrukturierung vorangetrieben und auch beendet, sondern auch die inhaltliche. Vor allem der Unterrichtsstoff in den Schulen war von der Veränderungen betroffen. Das Unterrichtsangebot wurde „erweitert". Zu den historischen Fächern wurden politische und nationalpolitische Geschichte hinzugefügt, die unter anderem die Wehr- und Militärgeschichte enthielten. Zu dem Fach Erdkunde wurde die Geopolitik hinzugefügt, die als Aufgabe hatte, „das deutsche Volk als den wahren Repräsentanten der nordischen Rasse zu zeigen, die im gesamten Geschichtsverlauf die höchsten politischen und kulturellen Werte hervorgebracht habe".[3] Daß diese Fächer den Rassismus gegen andere Kulturen und Minderheiten förderten steht wohl außer Frage.
Auch im Fach Biologie gab es einschneidende Veränderungen. Nicht nur biologische Themen wurden gelehrt, sondern auch volkswirtschaftliche Gedanken kommen nun im Unterricht zum Tragen. So wird in den Biologiebüchern unter anderem gefordert, nur noch deutsches Obst zu essen und deutschen Wein zu trinken, mit dem Hinweis, daß es die Pflicht des Bürgers sei, die in mühsamer Arbeit geleisteten Erträge der Landwirtschaft zu verzehren.[4] Dies ist unter anderem im Zusammenhang mit den Devisenverlusten von 1932 zu sehen, die dem Deutschen Reich durch den Import von Obst und Südfrüchten erwachsen sind.[5]
Ebenso wurde im Biologieunterricht Rassenkunde fortan gelehrt. So wurde versucht wissenschaftlich zu begründen, daß die deutsche Rasse die einzig wahre sei. Man berief sich auf die Lehre Darwins, der auf das in der Natur vorkommende Recht der Auslese hinwies. Die Nazis nutzen diesen Ansatz, um das „Recht des Stärkeren und Besseren" auch bei den Menschen umzusetzen. Erb- und Rassenforschung war eines der Hauptbestandteile des Biologieunterrichtes. Dadurch wurde der Rassismus in den Schulen geschürt, indem Juden und Nichtarier als biologisch minderwertig degradiert wurden.
An dieser Stelle sei noch mal erwähnt, daß die geistige Bildung an den Schulen nicht mehr im Vordergrund stand. Sie hatte hauptsächlich die Aufgabe, die Schüler zu treuen, willenlosen und parteikonformen Menschen heranzuziehen.

---

[3] aus: Eilers, R.: Die nationalsozialistische Schulpolitik. Köln, Opladen 1963
[4] aus: Graf, J.: Biologie für Oberschule und Gymnasium, Band 1. München, Berlin 1939
[5] vgl. Flessau, Ingo-Kurt. München 1977, Seite 156

Die Schule wurde eigentlich nur noch pro forma erhalten, damit der Staat auf seine Erziehungspolitik hinweisen konnte. Letztendlich lag die größere Macht bei den Jugendorganisationen, in denen die Jungen und Mädchen waren, zum Beispiel die Hitlerjugend. In ihnen spielte sich der größte Teil des Lebens der Kinder und Jugendlichen ab, und von ihnen ging auch die meiste Macht und Beeinflussung aus.

3. Die verschiedenen Organisationen und ihr Einfluß auf die Schulen

Wie in 2.1 schon erwähnt, wurde das Schulsystem vereinheitlicht und vor allem die Oberschulen wurden auf ein Mindestmaß reduziert. Gleichzeitig wurden aber auch neue Schulen gegründet, die hauptsächlich dazu dienten, den Einfluß der NSDAP zu vergrößern und den politischen Nachwuchs auszubilden.

Im folgenden seien einige Beispiele aufgeführt:
Im Jahr 1933 wurden die ersten Nationalpolitischen Erziehungsanstalten (Napolas) eingerichtet. Sie zählten zu den Oberschulen und unterstanden dem damaligen Reichserziehungsminister Bernhard Rust. Sie sollte eine Elite im nationalsozialistischen Geist ausbilden. Wichtig war, wie an anderen Schulen auch, die körperliche Ertüchtigung der Schüler. Im Vordergrund stand aber auch, und das war keineswegs üblich, eine intellektuelle Ausbildung. Aus diesen Schulen sollte der Führungsnachwuchs für Partei, Staat und Wirtschaft hervorgehen. Um dies zu garantieren, durften auch nur ausgewählte Personen unterrichten, die sich in der Partei oder im Militär besonders positiv hervorgehoben haben. Ab 1936 wurde der Einfluß der SS immer größer und die Ausleseprinzipien entsprachen auch immer mehr denen der SS. August Heißmeyer wurde zum Inspekteur der Nationalpolitischen Erziehungsanstalten ernannt. Er war gleichzeitig SS-Gruppenführer, was den Einfluß der Organisation unterstreicht.
Als nächstes seien die Adolf-Hitler-Schulen aufgeführt, die 1937 gegründet wurden. Sie unterstanden der NSDAP und nicht mehr ausschließlich der staatlichen Schulaufsicht. Robert Ley und Baldur von Schirach waren die Begründer dieser Schulen, in denen die Hitlerjugend großen Einfluß ausübten. Dies wurde ebenso explizit betont, wie die Tatsache, daß diese Schulen der NSDAP unterstanden. Sie war eine reine Jungenschule und ermöglichte es, daß die Absolventen jede Laufbahn in Partei und Staat einschlagen konnten. Die Adolf-Hitler-Schulen waren als Eliteschulen gedacht, wobei aber mehr die Ausbildung einer politischen denn einer geistigen Elite im Vordergrund stand. Politische Bildung, körperliche Ertüchtigung und Charaktererziehung standen über einer intellektuellen Schulung.
Daneben gab es noch die Deutschen Heimschulen, die für Kinder von Beamten, Offizieren und politischen Leitern eingerichtet wurden. Dies waren hauptsächlich Personen, die des öfteren den Wohnsitz wechseln mußten. Daneben wurden in ihnen auch Kinder aus den konfessionellen Schulen unterrichtet, die bis 1938 fast vollständig aufgelöst worden waren.
Als letzte nenne ich noch die NS-Deutsche Oberschule Starnbergersee, die 1934 gegründet wurde. Sie stand bis 1936 unter dem Einfluß der SA, dann der NSDAP. Der Stellvertreter Hitlers, Rudolf Heß, hatte ab diesem Zeitpunkt die Verantwortung über diese Schule. Auch hier zeigt sich wieder, daß die intellektuelle Ausbildung der Schüler im Hintergrund stand und die körperliche Ertüchtigung im Vordergrund. Dies zeigt sich unter anderem an der Stundenwochenzahl Sport von 14 Unterrichtsstunden. Elite hieß hier: physische und charakterliche Qualität.

Hier wird, so denke ich, doch recht deutlich, daß das Schulsystem des Dritten Reiches alles andere als qualitativ hervorstechend ist. Die verschiedenen, der NSDAP nahestehenden Organisationen, versuchen alles mögliche, um ihren Einfluß auf die Jugend vergrößern zu können. Statt einem einheitlichen System kommt es wieder zu verschiedenen Ausdifferenzierungen. SS, HJ, SA und andere einflußreiche Organisationen nutzen den Aufbau „ihrer" Schulen zur Ausbildung eines politischen Nachwuchses im jeweiligen Sinne. Politische Intrigen spielten zu diesem Zeitpunkt auch eine nicht gerade unwichtige Rolle. Die Profilierungssucht vor dem Führer sei hier als Beispiel genannt.

Des weiteren muß ich feststellen, daß das geistige Niveau der Schulen nicht die entscheidende Rolle spielte, sondern die körperliche Ertüchtigung. Solche „Bildungsanforderungen" hätten sich auf Dauer in meinen Augen wohl kaum bewährt. Wie will man eine Hegemonialstellung sichern, wenn das geistige Potential dazu fehlt? Es nutzt herzlich wenig, wenn das zum Krieg nötige Kampfmaterial vorhanden ist (damit ist der gut trainierte Mensch gemeint), aber die geistige Führung dazu fehlt. Physische Qualitäten reichen nicht aus, um den technischen, wirtschaftlichen und sozialen Anforderungen einer Industriegesellschaft gerecht zu werden. Selbst wenn Hitler den Krieg gewonnen hätte, was glücklicherweise nicht eingetreten ist, wäre es mehr als fraglich gewesen, wie er den Staat ohne die nötige geistige Oberschicht hätte aufbauen wollen.

Um Hitlers Standpunkt zur Pädagogik nochmals zu verdeutlichen, sei hier folgendes Zitat aufgeführt:
„Meine Pädagogik ist hart. Das Schwache muß weggehämmert werden. In meinen Ordensburgen wird eine Jugend heranwachsen, vor der sich die Welt erschrecken wird. Eine gewalttätige, herrische, unerschrockene, grausame Jugend will ich. Jugend muß das alles sein. Schmerzen muß sie ertragen. Es darf nichts Schwaches und Zärtliches an ihr sein. Das freie, herrliche Raubtier muß erst wieder aus ihren Augen blicken.[...] Ich werde sie in allen Leibesübungen ausbilden lassen. Ich will eine athletische Jugend. Das ist das Erste und Wichtigste."[6]
In diesem Zitat sind die Wörter „Bildung" sowie „Lernen" nicht vorhanden. Hitler spricht nur von der körperlichen Erziehung der Jugend. Das geistige Niveau steht nicht im Vordergrund. Eigenes Denken ist sogar unerwünscht, wichtig ist der Gehorsam gegenüber dem jeweiligen Vorgesetzten und dem Staat. Ebenso ist Individualität nicht erwünscht. Der Mensch alleine ist nichts, nur die Gemeinschaft zählt.

---

[6] aus: Rauschning, H.: Gespräche mit Hitler. Zürich, Wien, New York 1940, Seite 237

4. Wichtige Personen der pädagogischen Bewegung der NS-Zeit

In den nächsten Zeilen will ich einige führende nationalsozialistische Bildungspolitiker vorstellen: Bernhard Rust, Hans Schemm, Fritz Wächtler.
Es soll deutlich gemacht werden, daß weniger die Kompetenz der genannten Personen ihnen zum politischen Aufstieg verhalf, als vielmehr Opportunismus im Dritten Reich was zu der damaligen Zeit wohl einer der wichtigsten Faktoren war, um ein höheres politisches Amt zu begleiten.

4.1 Reichserziehungsminister Bernhard Rust

Als erstes sei der Reichserziehungsminister Bernhard Rust genannt. Vor seiner Ernennung als Reichserziehungsminister hatte er eine eher unrühmliche „Karriere". 1927 hatte er nach langen Auseinandersetzungen mit den Behörden seine Frühpensionierung durchgesetzt. Dies erreichte er durch ein amtliches Attest, welches ihm „Arbeitsunfähigkeit, pathologische Bewußtseinsstörungen und Anfälle von Größenwahn"[7] bescheinigte. Dadurch entkam Rust dem Disziplinarstrafrecht und erhielt trotz allem seine volle Pension. Als 1929 dann eine Serie von Attentaten Deutschland erschütterte, zeichnete sich der wahre Charakter des Herrn Rust ab. Er verriet alle Freunde und deren Pläne der Polizei, woraufhin er von Hitler selbst befördert wurde. Rust wurde dann zuerst Kultusminister in Preußen, wo er alle Lehrer und Lehrerinnen aus dem Schuldienst entließ, die sich gegen den Nationalsozialismus ausgesprochen hatten. Zudem führte er an den Schulen die Rassenkunde und den Wehrsport ein. 1934 wurde Rust dann Reichserziehungsminister. Seine Taten auf der nationalen Ebene zeichnen sich ebenso wenig von herausragender pädagogischer Bedeutung aus. Zuerst führte er den Staatsjugendtag ein, der immer an den schulfreien Samstagen stattfand und nur dazu diente, eine militärische Vorausbildung der Jugend zu leisten und sie in nationalpolitischer Belehrung zu unterrichten. Trotz der Verpflichtung zur Teilnahme, fand der Staatsjugendtag kaum Anklang in der Jugend und war auch innerhalb der NSDAP sehr umstritten. 1937 schließlich wurde der Staatsjugendtag wieder abgeschafft, weil einfach kein Interesse bestand. Eine weitere „Tat" Rusts war eine Verordnung, mit der er der Lehrerschaft alle beamtenrechtlichen Sicherungen entzog. Alle Lehrer mußten sich einer jährlichen Prüfung unterziehen. Der Grund dafür war folgender: Die Untergebenheit der Lehrerschaft war noch nicht groß genug. Mit dieser Maßnahme versuchte Rust diese zu fördern, denn nur wer die - natürlich auf die Parteilinie ausgerichtete - Prüfung bestand, durfte weiterhin im Schuldienst bleiben.
Es zeigt sich doch recht deutlich, daß die - in unserem heutigen Sinne - erbrachten Leistungen nicht als solche zu erkennen sind. Vielmehr handelte es sich um eine Einschwörung auf die Parteilinie, die teilweise mit Gewalt durchgeführt wurde. Wer nicht folgen wollte, dem wurde mit Entlassung gedroht und eine Verfolgung durch die Gestapo war auch vorprogrammiert. Pädagogische Leistungen erbrachte der Reichserziehungsminister keine, sondern nur nationalsozialistische „Errungenschaften".

---

[7] aus: Schnorbach, Hermann; Athenäum 1983

4.2 Hans Schemm, Gründer und Führer des Nationalsozialistischen Lehrerbundes

Hans Schemm erfreute sich schon zu Lebzeiten nicht gerade einer hohen Beliebtheit. Trat er auf Tagungen auf, so waren seine Worte von „Hohngelächter oder peinlichem Schweigen" [8] begleitet. Als Politiker und als Pädagoge wurde er nicht ernst genommen. Selbst eine von ihm verlegte Zeitung wurde als stümperhaft bezeichnet und enthielt weniger pädagogische Aufsätze denn mehr Verleumdungen gegen Lehrerkollegen liberaler oder sozialistischer Gesinnung. Trotz allem sicherte sich Schemm recht früh die Unterstützung der SA, was ihm einigen Vorteil erbrachte. So wurden, aus Angst vor SA-Truppen, auf offenen Foren keine Diskussionen seiner Person oder gar seine Intellekts geführt. Des weiteren erkannte Schemm wohl recht früh die Zeichen seiner Zeit, denn er verkündete schon sehr bald, daß seine Zeitung das Sprachrohr der NS-Pädagogik sei. Dies ist wiederum verwunderlich, denn als Kämpfer für das Vaterland hatte er sich während des ersten Weltkrieges nicht gerade erwiesen. Hans Schemm war ein Lazarettgehilfe in einem Heimlazarett, also weit weg der Front, was aufgrund seiner guten Gesundheit doch erstaunte. Ebenso im Gebiet der Pädagogik, um nochmals darauf zurückzukommen, verdiente sich Schemm nicht gerade eine guten Namen. Im Gegenteil, er zeichnete sich nicht durch pädagogische Schriften aus, sondern als Fälscher und Betrüger. Er griff öffentlich Kollegen und bezeichnete sie als Grund für den Untergang Deutschlands. Als Belege fügte er dann Zitate seiner Kollegen bei, die sich aber sehr schnell als Fälschungen erwiesen.

Es stellt sich somit die Frage, wie es Schemm dennoch gelungen ist, als Führer des Nationalsozialistischen Lehrerbundes in Deutschland einen so großen Einfluß auszuüben. Nun, da er sich schon recht früh als Nationalsozialist zu erkennen gab, war ihm die Gunst Hitlers gewiß. Nach der Machtübernahme Hitlers 1933 begann der Prozeß der Gleichschaltung, von der Schemm profitierte. Alle Lehrerverbände mußten sich entweder dem NSLB anschließen oder wurden aufgelöst. Durch diese Zwangsbeitritte stieg die Zahl der Mitglieder natürlich rasch an. Und da es nur noch eine Organisation gab, die die Lehrerschaft vertrat, war Schemm der unangefochtene Führer in diesem Sektor.

Schemm nutzte diese Tatsache dann für seine Belange aus. Durch den NSLB bereicherte sich der „Führer" Schemm. Alle Rechte der Organisation liefen auf seinen Namen. So wurde der Beitrag verpflichtend verdreifacht und wurde auf ein Konto Schemms eingezahlt. Alle Druckmedien liefen über Schemms Verlag und die erscheinende NS-Lehrerzeitung war verpflichtend zu abonnieren. So wurde er ein reicher Mann, der trotz eines, wie es ihm oft nachgesagt wurde, fehlenden Intellekts zu wissen wußte, wie er vorzugehen hatte, um die Macht der Organisation zu erlangen und diese dann auch zu sichern. Schemm verunglückte 1935 tödlich als sehr wohlhabender Mann und auch als ein Freund Hitlers.

---

[8] vgl: ebda., Seite 109f

4.3 Fritz Wächtler, Nachfolger Schemms

Auch Fritz Wächtler, der die Nachfolge Schemms antrat, zeichnete sich nicht durch pädagogische Kompetenz aus, sondern durch eine starre Einhaltung der Parteilinie. Nur aus diesem Grunde wurde Wächtler von Hitler in dieses Amt erhoben, welches sieben Monate lang unbesetzt war. Anfangs herrschte noch unter der Lehrerschaft die Hoffnung, daß Wächtler sich durch mehr Bildung und Fähigkeit auszeichnen würde, was sich jedoch sehr schnell als trügerische Hoffnung erwies: Wächtler war vom selben Schlag wie sein Vorgänger. Seinen Amtseintritt begann Wächtler mit einer Werbeaktion für das NSLB-Organ , den „Völkischen Beobachter", welcher es trotz des Zwangsabonnements der NSLB-Mitglieder nicht schaffte, das meistgelesene Werk im Reich zu werden. Auch andere „Taten" des neuen Führers des Nationalsozialistischen Lehrerbundes erwiesen sich weniger als pädagogisch, sondern vielmehr als parteipolitisch wertvoll. So mußte die Hoffnung auf mehr Freiheit im Beruf seitens der Lehrerschaft schnell wieder begraben werden.

4.4 Bewertung pädagogischer Persönlichkeiten im Dritten Reich

Wie die unter 4.1 bis 4.3 aufgeführten Punkte zeigen, war es im Dritten Reich weniger wichtig, ob die führenden Vertreter in der pädagogischen Bewegung auch die nötige Kompetenz besitzen mußten, um zu ihren Posten zu gelangen. Die meisten zeichneten sich eher durch eine starre Einhaltung der Parteilinie aus, als denn durch Wissen. Ein wichtiger Grund war in meinen Augen wohl die abwertende Meinung Hitlers über Lehrer.[9] Die oben aufgeführten Personen dienten hauptsächlich dazu, den Lehrerstand parteikonform zu halten, was sich anfangs als sehr schwierig erwies. Der größte Teil der Lehrerschaft wehrte sich gegen die Umsetzung der nationalsozialistischen Bildungspolitik und konnte nur nach Zwangsanschluß an den NSLB und unter Androhung der Entlassung aus dem Schuldienst gleichgeschaltet werden. In den Lehrern sah Hitler auch immer potentielle Feind und Vertreter des linken Flügels. Alle unterlagen einer strengen Kontrolle durch den Staat und mußten mit schweren Sanktionen rechnen bei Verstößen gegen die Vorgaben von den jeweiligen Gauleitern oder Ministern. Der Lehrerberuf war zur Zeit der NS-Diktatur alles andere als ein angenehmer Beruf. Des weiteren mußten die Lehrer mit Spitzeln von allen Seiten rechnen. Kollegen wurden unter Druck gesetzt, um andere Kollegen zu verraten; Schüler, die im Dienste zum Beispiel der HJ standen, legten Berichte über die Einstellung des Lehrers zum Staat ab und natürlich nicht zu vergessen die bereits erwähnten jährlichen Prüfungen, denen sich Lehrer unterziehen mußten.

---

[9] vgl: Schnorbach, Hermann. Athenäum 1983, Seite 168

5. Zusammenfassung

Durch die aufgeführten Punkte wird, so denke ich, doch recht schnell deutlich, daß es eine pädagogische Strömung zur Zeit des Nationalsozialismus, wie es im heutigen Sinne zu verstehen ist, nicht gab. Zwar beriefen sich die Funktionäre der NSDAP auf führende Wissenschaftler, interpretierten jedoch deren Erkenntnisse auf ihre Art und Weise. Dies wird am Darwinismus unter anderem sehr deutlich. Die Richtlinien in der Pädagogik gab, wie in allen anderen Bereichen auch, Hitler vor, der diese in seinem Buch „Mein Kampf" aufführte. Hitler galt als unangefochtene führende Person im Staat und seine Vorgaben waren bindend für alle. Diskussionen um verschiedene pädagogische Ansatzpunkte gab es nicht, beziehungsweise wurden sie weitestgehend untersagt. Die Reformpädagogik, die sich Ende der 20er und Anfang der 30er Jahre langsam zu etablieren begann, wurde von Hitler strikt abgelehnt. Er war der Meinung, daß ein Lehrer seine Schüler autoritär zu erziehen habe. Dies könnten, so der Führer, Feldwebel der Wehrmacht sowieso besser, als Pädagogen, denn die Jugend brauche starke, führende Hände. Er hielt nicht viel vom Beruf des Lehrers, was Hitler auch immer wieder zu betonen verstand.

Des weiteren wurde das Schulsystem stark verändert. Private Schulen und konfessionelle Schulen wurden fast ausnahmslos aufgelöst oder gleichgeschaltet. Schulen dienten nun auch nicht mehr primär der intellektuellen Ausbildung der Schüler, sondern eher der körperlichen Erziehung. Die Sportnote war zum Beispiel die wichtigste Note auf dem Zeugnis. Daß Sport eines der wichtigsten Fächer in der Schule war, läßt sich auch daran verdeutlichen, daß die Turnlehrer entweder die Direktoren oder deren Vertreter stellten.
Durch die Gleichschaltung der Schulen wollten die NS-Führungskräfte eine willenlose, unmündige Jugend heranziehen, die ohne Widerstand den Worten der Partei beziehungsweise des Führers folgen sollte. Aber so einheitlich, wie es immer wieder gepredigt wurde, war das Schulsystem nicht. Die verschiedenen NS-Organisationen versuchten ihren Einfluß geltend zu machen, um sich zu etablieren und den eigenen Nachwuchs sicherzustellen. So spielen interne machtpolitische Kämpfe immer wieder eine wichtige Rolle. Als Beispiel sei hier Bormann aufgeführt, der Leiter der Parteikanzlei, der Dr. Ley, einen Gründer der Nationalpolitischen Erziehungsanstalten, kaltstellen ließ, um seinen Einflußbereich auf die Jugend zu vergrößern. Auch Heißmeyer, SS-Obergruppenführer, weitete seine Macht aus, indem er die Leitung der Deutschen Heimschulen übernahm und die Liquidierung der konfessionellen Schulen. Zugleich weitete er die Napolas aus, um mehr Schüler indirekt für die SS ausbilden zu können.

Ebenso einschneidende Veränderungen gab es bei dem Inhalt der zu unterrichtenden Fächer. So wurde in den historischen Fächern den Schüler beigebracht, daß das deutsche Volk die wahren Repräsentanten der arischen Rasse sei. In Biologie wurde die Rassenkunde eingeführt und im Muttersprachunterricht wurde die volkhafte Dichtung gelehrt. Auch wurden neue Fächre eingeführt, die die Ideologie des Nationalsozialismus unterstützten: Volkskunde, Grenzlandkunde, Wehrkunde.

Das größte Problem stellte die Lehrerschaft dar. Sie war größtenteils alles andere als gewillt, den nationalsozialistischen Lehren zu folgen. Sie erkannte mit Schrecken die Folgen für die Kinder und Jugendlichen. Die Folge war eine sehr starke Kontrolle durch den Staat. Die jährlichen Prüfungen durch Minister der NSDAP waren noch das kleinere Übel. Viel schlimmer war die geheime Kontrolle durch Kollegen, Schüler, Nachbarn, Verwandte, usw. Schließlich wurde auch das Studium stark beschnitten (Einschränkung des Religionsunterrichts, Verkürzung der Studienzeit).

Stichpunktartig läßt sich folgendes feststellen:

- Die Schule war das Instrument der Partei
- Die Schule stellte keinen kind- und jugendgerechten Schonraum mehr dar
- Das intellektuelle Niveau wurde bewußt niedrig gehalten
- Der Kampf um den Einfluß auf die Schulen durch NS-Organisationen wurde immer härter
- Die politisch-ideologische Kontrolle der Schularbeit und Schülerauslese verschärfte sich
- Es fand eine negative Selektion „rassisch minderwertiger" und eine positive Selektion deutscher Kinder statt
- Ein System von außerschulischen Fort- und Ausbildungsstätten für Partei- und Beamtennachwuchs wurde aufgebaut

Literaturverzeichnis:

1. Dokumente:

- Schnorbach, Hermann: Lehrer und Schüler unterm Hakenkreuz - Dokumente des Widerstands von 1930 bis 1945. Königstein/Ts.:Athenäum, 1983

- Graf, J.: Biologie für Oberschulen und Gymnasien. 1. Band. München, Berlin 1939

- Rauschning, H.: Gespräche mit Hitler. Zürich, Wien, New York 1940

2. Primärliteratur:

- Dithmar, Reinhard (Hrsg.): Schule und Unterricht im Dritten Reich. Neuwied: Luchterhand, 1989

- Flessau, Kurt-Ingo: Schule der Diktatur - Lehrpläne und Schulbücher des Nationalsozialismus. München: Ehrenwirth, 1977

- Gudjons, Herbert: Pädagogisches Grundwissen. Bad Heilbrunn: Klinkhardt, 1997